人事人才政策法规专辑

事业单位人事管理条例
事业单位人事管理回避规定
事业单位领导人员管理规定

中国人力资源和社会保障出版集团

中国劳动社会保障出版社　中国人事出版社

图书在版编目(CIP)数据

事业单位人事管理条例　事业单位人事管理回避规定　事业单位领导人员管理规定/人事人才政策法规专辑编委会编. -- 北京：中国劳动社会保障出版社：中国人事出版社，2022
（人事人才政策法规专辑）
ISBN 978-7-5167-5566-2

Ⅰ.①事… Ⅱ.①人… Ⅲ.①行政事业单位-人事管理-条例-中国②行政事业单位-领导人员-管理-规定-中国　Ⅳ.①D630.3

中国版本图书馆 CIP 数据核字（2022）第 170131 号

中国劳动社会保障出版社出版发行
中国 人 事 出 版 社
（北京市惠新东街1号　邮政编码：100029）

*

北京市科星印刷有限责任公司印刷装订　新华书店经销
880毫米×1230毫米　32开本　1印张　19千字
2022年11月第1版　2022年11月第1次印刷
定价：5.00元

营销中心电话：400-606-6496
出版社网址：http://www.class.com.cn

版权专有　　侵权必究

如有印装差错，请与本社联系调换：(010) 81211666
我社将与版权执法机关配合，大力打击盗印、销售和使用盗版图书活动，敬请广大读者协助举报，经查实将给予举报者奖励。
举报电话：(010) 64954652

目　　录

事业单位人事管理条例

　　（2014 年 4 月 25 日　国务院令第 652 号）……（1）

事业单位人事管理回避规定

　　（2019 年 9 月 18 日　人社部规〔2019〕1 号）

　　………………………………………………………（8）

事业单位领导人员管理规定

　　（2022 年 1 月 14 日）………………………………（14）

事业单位人事管理条例

(2014年2月26日国务院第40次常务会议通过 2014年4月25日国务院公布 国务院令第652号)

第一章 总 则

第一条 为了规范事业单位的人事管理,保障事业单位工作人员的合法权益,建设高素质的事业单位工作人员队伍,促进公共服务发展,制定本条例。

第二条 事业单位人事管理,坚持党管干部、党管人才原则,全面准确贯彻民主、公开、竞争、择优方针。

国家对事业单位工作人员实行分级分类管理。

第三条 中央事业单位人事综合管理部门负责全国事业单位人事综合管理工作。

县级以上地方各级事业单位人事综合管理部门负责本辖区事业单位人事综合管理工作。

事业单位主管部门具体负责所属事业单位人事管理工作。

第四条 事业单位应当建立健全人事管理制度。

事业单位制定或者修改人事管理制度,应当通过职工代表大会或者其他形式听取工作人员意见。

第二章 岗位设置

第五条 国家建立事业单位岗位管理制度，明确岗位类别和等级。

第六条 事业单位根据职责任务和工作需要，按照国家有关规定设置岗位。

岗位应当具有明确的名称、职责任务、工作标准和任职条件。

第七条 事业单位拟订岗位设置方案，应当报人事综合管理部门备案。

第三章 公开招聘和竞聘上岗

第八条 事业单位新聘用工作人员，应当面向社会公开招聘。但是，国家政策性安置、按照人事管理权限由上级任命、涉密岗位等人员除外。

第九条 事业单位公开招聘工作人员按照下列程序进行：

（一）制定公开招聘方案；

（二）公布招聘岗位、资格条件等招聘信息；

（三）审查应聘人员资格条件；

（四）考试、考察；

（五）体检；

（六）公示拟聘人员名单；

（七）订立聘用合同，办理聘用手续。

第十条 事业单位内部产生岗位人选，需要竞聘上岗的，按照下列程序进行：

（一）制定竞聘上岗方案；

（二）在本单位公布竞聘岗位、资格条件、聘期等信息；

（三）审查竞聘人员资格条件；

（四）考评；

（五）在本单位公示拟聘人员名单；

（六）办理聘任手续。

第十一条 事业单位工作人员可以按照国家有关规定进行交流。

第四章 聘用合同

第十二条 事业单位与工作人员订立的聘用合同，期限一般不低于3年。

第十三条 初次就业的工作人员与事业单位订立的聘用合同期限在3年以上的，试用期为12个月。

第十四条 事业单位工作人员在本单位连续工作满10年且距法定退休年龄不足10年，提出订立聘用至退休的合同的，事业单位应当与其订立聘用至退休的合同。

第十五条 事业单位工作人员连续旷工超过15个工作日，或者1年内累计旷工超过30个工作日的，事业单位可以解除聘用合同。

第十六条 事业单位工作人员年度考核不合格且不同意调整工作岗位，或者连续两年年度考核不合格的，事业单位提前30日书面通知，可以解除聘用合同。

第十七条 事业单位工作人员提前30日书面通知事业单位，可以解除聘用合同。但是，双方对解除聘用合同另有约定的除外。

第十八条 事业单位工作人员受到开除处分的，解除聘用合同。

第十九条　自聘用合同依法解除、终止之日起，事业单位与被解除、终止聘用合同人员的人事关系终止。

第五章　考核和培训

第二十条　事业单位应当根据聘用合同规定的岗位职责任务，全面考核工作人员的表现，重点考核工作绩效。考核应当听取服务对象的意见和评价。

第二十一条　考核分为平时考核、年度考核和聘期考核。

年度考核的结果可以分为优秀、合格、基本合格和不合格等档次，聘期考核的结果可以分为合格和不合格等档次。

第二十二条　考核结果作为调整事业单位工作人员岗位、工资以及续订聘用合同的依据。

第二十三条　事业单位应当根据不同岗位的要求，编制工作人员培训计划，对工作人员进行分级分类培训。

工作人员应当按照所在单位的要求，参加岗前培训、在岗培训、转岗培训和为完成特定任务的专项培训。

第二十四条　培训经费按照国家有关规定列支。

第六章　奖励和处分

第二十五条　事业单位工作人员或者集体有下列情形之一的，给予奖励：

（一）长期服务基层，爱岗敬业，表现突出的；

（二）在执行国家重要任务、应对重大突发事件中表现突出的；

（三）在工作中有重大发明创造、技术革新的；

（四）在培养人才、传播先进文化中作出突出贡献的；

（五）有其他突出贡献的。

第二十六条　奖励坚持精神奖励与物质奖励相结合、以精神奖励为主的原则。

第二十七条　奖励分为嘉奖、记功、记大功、授予荣誉称号。

第二十八条　事业单位工作人员有下列行为之一的，给予处分：

（一）损害国家声誉和利益的；

（二）失职渎职的；

（三）利用工作之便谋取不正当利益的；

（四）挥霍、浪费国家资产和财产的；

（五）严重违反职业道德、社会公德的；

（六）其他严重违反纪律的。

第二十九条　处分分为警告、记过、降低岗位等级或者撤职、开除。

受处分的时间为：警告，6个月；记过，12个月；降低岗位等级或者撤职，24个月。

第三十条　给予工作人员处分，应当事实清楚、证据确凿、定性准确、处理恰当、程序合法、手续完备。

第三十一条　工作人员受开除以外的处分，在受处分期间没有再发生违纪行为的，处分期满后，由处分决定单位解除处分并以书面形式通知本人。

第七章　工资福利和社会保险

第三十二条　国家建立激励与约束相结合的事业单位工资

制度。

事业单位工作人员工资包括基本工资、绩效工资和津贴补贴。

事业单位工资分配应当结合不同行业事业单位特点，体现岗位职责、工作业绩、实际贡献等因素。

第三十三条　国家建立事业单位工作人员工资的正常增长机制。

事业单位工作人员的工资水平应当与国民经济发展相协调、与社会进步相适应。

第三十四条　事业单位工作人员享受国家规定的福利待遇。

事业单位执行国家规定的工时制度和休假制度。

第三十五条　事业单位及其工作人员依法参加社会保险，工作人员依法享受社会保险待遇。

第三十六条　事业单位工作人员符合国家规定退休条件的，应当退休。

第八章　人事争议处理

第三十七条　事业单位工作人员与所在单位发生人事争议的，依照《中华人民共和国劳动争议调解仲裁法》等有关规定处理。

第三十八条　事业单位工作人员对涉及本人的考核结果、处分决定等不服的，可以按照国家有关规定申请复核、提出申诉。

第三十九条　负有事业单位聘用、考核、奖励、处分、人事争议处理等职责的人员履行职责，有下列情形之一的，应当回避：

（一）与本人有利害关系的；
（二）与本人近亲属有利害关系的；
（三）其他可能影响公正履行职责的。

第四十条 对事业单位人事管理工作中的违法违纪行为，任何单位或者个人可以向事业单位人事综合管理部门、主管部门或者监察机关投诉、举报，有关部门和机关应当及时调查处理。

第九章　法律责任

第四十一条 事业单位违反本条例规定的，由县级以上事业单位人事综合管理部门或者主管部门责令限期改正；逾期不改正的，对直接负责的主管人员和其他直接责任人员依法给予处分。

第四十二条 对事业单位工作人员的人事处理违反本条例规定给当事人造成名誉损害的，应当赔礼道歉、恢复名誉、消除影响；造成经济损失的，依法给予赔偿。

第四十三条 事业单位人事综合管理部门和主管部门的工作人员在事业单位人事管理工作中滥用职权、玩忽职守、徇私舞弊的，依法给予处分；构成犯罪的，依法追究刑事责任。

第十章　附　　则

第四十四条 本条例自2014年7月1日起施行。

事业单位人事管理回避规定

(2019年9月18日中共中央组织部、
人力资源社会保障部印发　人社部规〔2019〕1号)

第一章　总　　则

第一条　为规范事业单位人事管理工作，维护人事管理公平公正，根据《事业单位人事管理条例》及有关法律法规，制定本规定。

第二条　坚持以习近平新时代中国特色社会主义思想为指导，贯彻落实全面从严治党要求，坚持党管干部、党管人才原则，以公正廉洁高效履职为准则，加强事业单位人事管理回避工作，加强对任职岗位和履职情况的监督约束，促进社会事业健康发展。

第三条　本规定所称事业单位人事管理回避包括岗位回避和履职回避。

第四条　事业单位人事管理工作所有参与方以及可能影响公正的特定关系人需要回避的，适用本规定。

事业单位领导人员回避按照本规定执行，法律法规另有规定的，从其规定。

第五条　事业单位、主管部门、事业单位人事综合管理部门按照干部人事管理权限，负责事业单位人事管理回避的执行和监督。

第二章 岗位回避

第六条 事业单位工作人员凡有下列亲属关系的，不得在同一事业单位聘用至具有直接上下级领导关系的管理岗位，不得在其中一方担任领导人员的事业单位聘用至从事组织（人事）、纪检监察、审计、财务工作的岗位，也不得聘用至双方直接隶属于同一领导人员的从事组织（人事）、纪检监察、审计、财务工作的内设机构正职岗位：

（一）夫妻关系；

（二）直系血亲关系，包括祖父母、外祖父母、父母、子女、孙子女、外孙子女；

（三）三代以内旁系血亲关系，包括叔伯姑舅姨、兄弟姐妹、堂兄弟姐妹、表兄弟姐妹、侄子女、甥子女；

（四）近姻亲关系，包括配偶的父母、配偶的兄弟姐妹及其配偶、子女的配偶及子女配偶的父母、三代以内旁系血亲的配偶；

（五）其他亲属关系，包括养父母子女、形成抚养关系的继父母子女及由此形成的直系血亲、三代以内旁系血亲和近姻亲关系。

前款所称同一事业单位，是指依法登记的同一事业单位法人。

第七条 本规定所称直接上下级领导关系包括：

（一）领导班子正职与副职；

（二）同一内设机构正职与副职；

（三）上级正职、副职与下级正职；

（四）单位无内设机构的，其正职、副职与其他管理人员以及从事审计、财务工作的专业技术人员；

（五）内设机构无下一级单位的，其正职、副职与其他管理人员以及从事审计、财务工作的专业技术人员。

第八条 事业单位工作人员岗位回避按照以下程序办理：

（一）本人提出回避申请，或者有关单位、人员提出回避要求。

（二）所在单位或者主管部门按照干部人事管理权限在1个月内作出回避决定。作出回避决定前，应当听取需要回避人员及相关人员的意见。

（三）回避决定作出后，及时通知申请人，需要回避的，应当自回避决定作出之日起1个月内调整至相应岗位，并变更或者重新订立聘用合同。

第九条 岗位等级不同的一般由岗位等级较低的一方回避；岗位等级相同或者岗位类别不同的，根据工作需要和实际情况决定其中一方回避。

第十条 因地域、专业、工作性质特殊等因素，需要灵活执行岗位回避政策的，可由省级以上事业单位人事综合管理部门、中央和国家机关各部门结合实际作出具体规定。

第三章　履职回避

第十一条 事业单位工作人员应当回避的履职活动包括：

（一）岗位设置、公开招聘、聘用解聘（任免）、考核考察、奖励、处分、交流、人事争议处理、出国（境）审批；

（二）人事考试、职称评审、人才评价；

（三）招生考试、项目评审、成果评选、资金审批与监管；

（四）其他应当回避的履职活动。

第十二条 事业单位工作人员履行第十一条所列职责时，有下列情形之一的，应当回避，不得参加相关调查、考察、讨论、评议、投票、评分、审核、决定等活动，也不得以任何方式施加影响：

（一）涉及本人利害关系的；

（二）涉及与本人有本规定第六条所列亲属关系人员的利害关系的；

（三）其他可能影响公正履行职责的。

第十三条 事业单位工作人员履职回避按照以下程序办理：

（一）本人或利害关系人提出回避申请，或者有关单位提出回避要求。

（二）本人所在单位或者主管部门按照干部人事管理权限作出回避决定。其中，成立聘用工作组织、考核工作组织、申诉公正委员会、学术委员会等专项工作组织的，工作组织负责人的回避由成立该工作组织的单位决定，工作组织其他工作人员的回避可授权工作组织负责人决定。作出回避决定前，应当听取需要回避的人员及相关人员的意见。

（三）根据回避决定需要回避的，应当自回避决定作出之日起退出相关工作。

回避决定应当及时作出。回避决定作出前，本人可视情况确定是否先行退出相关履职活动。

第十四条 事业单位外请专家及其他人员参加本规定第十一条所列相关活动时，具有本规定第十二条所列情形的，应当回避。回避办理程序一般参照本规定第十三条进行。回避决定由邀请单位或者授权其组织（人事）部门、专项工作组织负责人作出。

第四章 管理与监督

第十五条 按照干部人事管理权限应当由事业单位作出或者授权作出回避决定的,特殊情况下,主管部门或者事业单位人事综合管理部门可以直接作出。

第十六条 事业单位工作人员必须服从回避决定,无正当理由拒不服从的,视情节轻重依法依规给予组织处理或处分。所在单位、主管部门负责督促回避决定落实到位。

事业单位工作人员应当主动报告应回避的情形。有需要回避的情形不及时报告或者有意隐瞒的,予以批评教育;造成不良后果的,依法依规给予组织处理或处分。

第十七条 事业单位外请专家及其他人员有需要回避的情形不及时报告或者有意隐瞒造成不良后果的,有关部门予以记录,在一定期限内不得邀请其参加相关活动;适用组织处理或处分的,可建议有关部门按照干部人事管理权限依法依规给予组织处理或处分。

第十八条 由于相关人员隐瞒应当回避情形,造成工作结果不公正的,按照国家有关规定取消或者撤销获取的资质、资格、荣誉、奖金、学籍、岗位、项目、资金等。

第十九条 事业单位及其主管部门对拟新进人员和拟调整岗位人员,应当依据本规定严格审查把关,避免形成回避关系。对因婚姻、岗位变化等新形成的回避关系,应当及时予以调整。

事业单位违反本规定的,由同级事业单位人事综合管理部门或者主管部门责令限期改正;逾期不改正的,按照干部人事管理权限对负有领导责任和直接责任的人员依法依规给予组织处理或处分。

第二十条　对个人、组织据实反映本规定所列各类需要回避情形的,有关单位、部门应当按照干部人事管理权限及时处理。

第五章　附　　则

第二十一条　主管部门对所属事业单位实施人事管理工作需要回避的,参照本规定执行,法律法规另有规定的从其规定。

第二十二条　机关工勤人员的回避,参照本规定执行。

第二十三条　本规定由中共中央组织部、人力资源社会保障部负责解释。

第二十四条　本规定自2020年1月1日起施行。

事业单位领导人员管理规定

(2015年5月28日中共中央批准
2015年5月28日中共中央办公厅发布
2022年1月14日中共中央修订
2022年1月14日中共中央办公厅发布)

第一章 总 则

第一条 为了加强和改进事业单位领导人员管理，健全选拔任用机制和管理监督机制，建设一支德才兼备、忠诚干净担当的高素质专业化事业单位领导人员队伍，根据有关党内法规和法律，制定本规定。

第二条 本规定适用于省级以上党委和政府直属以及部门所属事业单位领导班子成员，省级以上人大常委会、政协、纪委监委、人民法院、人民检察院、群众团体机关所属事业单位领导班子成员。

有关党内法规和法律对事业单位领导人员管理另有规定的，从其规定。

事业单位内设机构负责人选拔任用工作按照本规定第二章、第三章有关条款执行。

第三条 事业单位领导人员的管理，应当适应事业单位公益性、服务性、专业性、技术性等特点，遵循领导人员成长规

律,激发事业单位活力,推动公益事业高质量发展。工作中,坚持下列原则:

(一)党管干部、党管人才;

(二)德才兼备、以德为先,五湖四海、任人唯贤;

(三)事业为上、人岗相适、人事相宜;

(四)注重实干担当和工作实绩、群众公认;

(五)分级分类管理;

(六)民主集中制;

(七)依规依法办事。

第四条 党委(党组)及其组织(人事)部门按照干部管理权限履行事业单位领导人员管理职责,负责本规定的组织实施。

第二章 任职条件和资格

第五条 事业单位领导人员应当具备下列基本条件:

(一)思想政治素质好,理想信念坚定,自觉坚持以马克思列宁主义、毛泽东思想、邓小平理论、"三个代表"重要思想、科学发展观、习近平新时代中国特色社会主义思想为指导,坚决贯彻执行党的理论和路线方针政策,增强"四个意识"、坚定"四个自信"、做到"两个维护",自觉在思想上政治上行动上同党中央保持高度一致。

(二)组织领导能力强,自觉贯彻执行民主集中制,善于科学管理、沟通协调、依法办事、推动落实,工作实绩突出。

(三)专业素养好,熟悉有关政策法规和行业发展情况,具有胜任岗位职责的专业知识和专业能力。

(四)创新意识强,勤于学习,勇于探索,敢于攻坚克难,有开拓进取、追求卓越的韧劲，能够切实推进技术、管理、制度等重要创新。

（五）事业心和责任感强，热爱公益事业；坚持以人民为中心的发展思想，求真务实、勤勉敬业、担当作为，忠实履行公共服务的政治责任和社会责任；有斗争精神和斗争本领；团结协作，群众威信高。

（六）正确行使职权，坚持原则，带头践行社会主义核心价值观，恪守职业道德，严于律己，清正廉洁。

不同行业事业单位领导人员基本条件应当适应本行业特点和要求。其中，宣传思想文化系统事业单位领导人员应当坚持政治家办报办刊办台办新媒体，有强烈的意识形态阵地意识；高等学校和中小学校领导人员应当认真贯彻党的教育方针，坚持社会主义办学方向，自觉落实立德树人根本任务；科研事业单位领导人员应当坚持高水平科技自立自强的方向，坚持面向世界科技前沿、面向经济主战场、面向国家重大需求、面向人民生命健康，尊重科研工作规律，弘扬科学家精神，自觉践行创新科技、服务国家、造福人民的价值理念；公立医院领导人员应当坚持为人民健康服务的方向，有适应医院高质量发展的先进管理理念和实践经验。

党员领导人员应当自觉履行党建工作"一岗双责"，专职从事党务工作的领导人员还应当熟悉党建工作，善于做思想政治工作。

正职领导人员应当带头提高政治判断力、政治领悟力、政治执行力，具有驾驭全局的能力，善于抓班子带队伍，民主作风好。

第六条 事业单位领导人员应当具备下列基本资格：

（一）一般应当具有大学本科以上文化程度。

（二）提任六级以上管理岗位领导职务的，一般应当具有5年以上工作经历。

（三）从管理岗位领导职务副职提任正职的，应当具有副职岗位2年以上任职经历；从下级正职提任上级副职的，应当具有下级正职岗位3年以上任职经历。

（四）主要以专业技术面向社会提供公益服务的事业单位领导班子行政正职、分管业务工作的副职一般应当具有从事本行业专业工作的经历。

（五）具有正常履行职责的身体条件。

（六）符合有关党内法规、法律法规和行业主管部门规定的其他任职资格要求。

第七条 事业单位内设机构负责人基本条件应当符合本规定第五条规定；基本资格应当符合本规定第六条第一、二、三、五、六项规定，其中，负责业务工作的内设机构负责人，还应当具有与本岗位相关的专业教育背景或者具有从事本行业专业工作的经历。

第八条 从专业技术岗位到管理岗位担任领导人员或者内设机构负责人的，其任职资格一般应当符合第六条第一、二、五、六项规定，并且具有相应的专业技术职务（岗位）任职经历。其中，直接提任领导人员的，还应当具有一定的管理工作经历。

第九条 特别优秀的，或者因国家重大战略、重大工程、重大项目、重点任务选拔高精尖缺人才担任领导人员以及内设机构负责人等工作特殊需要的，可以适当放宽任职资格。

放宽任职资格以及从专业技术岗位到管理岗位担任领导班

子正职或者四级以上管理岗位领导职务的,应当从严掌握,并报上级组织(人事)部门同意。

第三章 选拔任用

第十条 党委(党组)及其组织(人事)部门按照干部管理权限,根据事业单位不同领导体制和领导班子建设实际,提出启动领导人员选拔任用工作意见。

事业单位领导班子配备和领导人员选拔任用,应当立足事业发展需要,加强通盘考虑、科学谋划,及时选优配强,优化年龄、专业、经历等结构,增强领导班子整体功能。

第十一条 事业单位领导人员选拔任用,必须严格按照核定或者批准的领导职数和岗位设置方案进行。

第十二条 选拔事业单位领导人员,一般采取单位内部推选、外部选派方式进行。根据行业特点和工作需要,可以采取竞争(聘)上岗、公开选拔(聘)、委托相关机构遴选等方式产生人选。

第十三条 选拔事业单位领导人员,应当经过民主推荐,合理确定参加民主推荐人员范围,规范谈话调研推荐和会议推荐方式方法。

第十四条 对事业单位领导职务拟任人选,必须依据选拔任用条件,结合行业特点和岗位要求,全面考察其德、能、勤、绩、廉,严把政治关、品行关、能力关、作风关、廉洁关。

第十五条 综合分析人选的考察考核、一贯表现和人岗相适等情况,全面历史辩证地作出评价,既重管理能力、专业素养和工作实绩,更重政治品质、道德品行、作风和廉政情况,防止简单以票或者以分取人。

第十六条　选拔任用事业单位领导人员，应当严格执行干部选拔任用工作任前事项报告制度，严格遵守党委（党组）讨论决定干部任免事项有关规定，按照干部管理权限由党委（党组）集体讨论作出任免决定，或者决定提出推荐、提名的意见。

第十七条　任用事业单位领导人员，区别不同情况实行选任制、委任制、聘任制。对行政领导人员，结合行业特点和单位实际，逐步加大聘任制推行力度。

实行聘任制的，聘任关系通过聘任通知、聘任书等形式确定，根据需要可以签订聘任合同，所聘职务及相关待遇在聘期内有效。

第十八条　提任三级以下管理岗位领导职务的，应当在一定范围内进行任职前公示，公示期不少于5个工作日。

第十九条　提任非选举产生的三级以下管理岗位领导职务的，实行任职试用期制度。试用期一般为1年。

第二十条　事业单位内设机构负责人选拔任用方式按照本规定第十二条、第十七条规定执行。主要以专业技术面向社会提供公益服务的事业单位，可以根据工作需要积极探索有效办法，搞活搞好内部用人制度。

根据干部管理权限和事业单位不同领导体制实际，实行党委领导下的行政领导人负责制的，由党委集体讨论作出任免决定；实行行政领导人负责制的，党政主要领导应当对人选等情况进行充分沟通，由党组织集体讨论作出任免决定，或者由党组织研究提出拟任人选、党政领导会议集体讨论，依规依法任免（聘任、解聘），根据工作需要，也可以由上级党组织统筹管理，按照规定程序讨论决定。

第二十一条　选拔任用工作具体程序和要求，参照《党政领导干部选拔任用工作条例》及有关规定，结合事业单位实际确定。

第四章 任期和任期目标责任

第二十二条 事业单位领导班子和领导人员一般应当实行任期制。

每个任期一般为 3 至 5 年。领导人员在同一岗位连续任职一般不超过 10 年，工作特殊需要的，按照干部管理权限经批准后可以适当延长任职年限。

第二十三条 事业单位领导班子和领导人员一般应当实行任期目标责任制。

任期目标的设定，应当符合立足新发展阶段、贯彻新发展理念、构建新发展格局、推动高质量发展的要求，体现不同行业、不同类型事业单位特点，注重打基础、利长远、求实效。

第二十四条 任期目标由事业单位领导班子集体研究确定，领导班子的任期目标一般应当报经主管机关（部门）批准或者备案。

制定任期目标时，应当充分听取单位职工代表大会或者职工代表的意见，注意体现服务对象的意见。

第五章 考核评价

第二十五条 事业单位领导班子和领导人员的考核，主要是年度考核和任期考核，根据工作实际开展平时考核、专项考核。考核评价以岗位职责、任期目标为依据，以日常管理为基础，注重政治素质、业绩导向和社会效益，突出党建工作实效。

积极推进分类考核，结合行业特点和事业单位实际，合理确定考核内容和指标，注意改进考核方法，提高质量和效率。

第二十六条 综合分析研判考核情况和日常了解掌握情况，客观公正地作出评价，形成考核评价意见，确定考核评价等次。

领导班子年度考核和任期考核的评价等次，分为优秀、良好、一般、较差；领导人员年度考核和任期考核的评价等次，分为优秀、合格、基本合格、不合格。

平时考核、专项考核的结果可以采用考核报告、评语、等次或者鉴定等形式确定。

第二十七条 考核评价结果应当以适当方式向领导班子和领导人员反馈，并作为领导班子建设和领导人员选拔任用、培养教育、管理监督、激励约束、问责追责等的重要依据。

第六章　交流、回避

第二十八条 完善事业单位领导人员交流制度。交流的重点对象一般是正职领导人员，专职从事党务工作、分管人财物的副职领导人员以及其他因工作需要交流的人员。

第二十九条 积极推进同行业或者相近行业事业单位之间领导人员交流，统筹推进事业单位与党政机关、国有企业、社会组织之间领导人员交流。

专业性强的领导人员交流，应当加强研判和统筹，注意发挥其专业特长。

第三十条 实行事业单位领导人员任职回避制度。有夫妻关系、直系血亲关系、三代以内旁系血亲关系以及近姻亲关系的，不得在同一事业单位领导班子任职，不得在同一单位担任双方直接隶属于同一领导人员的职务或者有直接上下级领导关系的职务，也不得在领导人员所在事业单位本级内设管理机构以及分管联系单位从事组织（人事）、纪检监察、审计、财务部门负责工作。

第三十一条　实行事业单位领导人员履职回避制度。事业单位领导人员在履行职责过程中，涉及本人及其近亲属利害关系或者其他可能影响公正履行职责情况的，本人应当回避。

第七章　职业发展和激励保障

第三十二条　完善事业单位领导人员培养教育制度，加强思想政治建设和能力培养，强化分行业培训，注重实践锻炼，提高思想政治素质、专业水平和管理工作能力。

第三十三条　统筹各类教育培训，充分利用党校（行政学院）、干部学院等机构资源，原则上每5年对事业单位领导人员培训全覆盖。

第三十四条　任期结束后未达到退休年龄界限的事业单位领导人员，适合继续从事专业工作的，鼓励和支持其后续职业发展；其他领导人员，根据本人实际和工作需要，作出适当安排。

第三十五条　完善事业单位领导人员收入分配制度，落实工资正常增长机制，根据事业单位类别和经费来源等，结合考核情况合理确定领导人员的绩效工资水平，使其收入与履职情况和单位长远发展相联系，与本单位职工的平均收入水平保持合理关系。

第三十六条　事业单位领导人员在本职工作中表现突出、有显著成绩和贡献的，在处理突发事件和承担专项重要工作中作出显著成绩和贡献的，或者有其他突出事迹的，按照有关规定给予表彰奖励。注意引导和促进领导人员在推动加快科技自立自强、服务保障民生等方面担当作为、履职尽责。

第三十七条　加强对事业单位领导人员的人文关怀，开展经常性谈心谈话，及时了解情况，听取意见建议，帮助解决实际困难。

按照有关规定做好容错纠错工作，宽容领导人员在改革创新中的失误，营造鼓励探索、支持创新的良好环境。

第八章　监督约束

第三十八条　党委（党组）及纪检监察机关、组织（人事）部门、行业主管部门按照管理权限和职责分工，履行对事业单位领导班子和领导人员的监督责任。

第三十九条　监督的重点内容是：践行"两个维护"，对党忠诚，贯彻落实党的理论和路线方针政策、党中央决策部署以及上级党组织决定情况；依法办事，执行民主集中制，履行职责，担当作为，行风建设，选人用人，国有资产管理，收入分配情况；落实全面从严治党主体责任和监督责任，职业操守，以身作则，遵守纪律，廉洁自律等情况。

第四十条　完善事业单位领导班子权力运行机制和领导人员特别是主要负责人监督制约机制，构建严密有效的监督体系。发挥党内监督带动作用，推动民主监督、行政监督、司法监督、审计监督、财会监督、群众监督、舆论监督等贯通协调、形成合力，强化领导班子内部监督，综合运用考察考核、述职述廉、民主生活会、谈心谈话、巡视巡察、提醒、函询、诫勉等措施，对领导班子和领导人员进行监督。

严格落实干部选拔任用工作"一报告两评议"、领导干部报告个人有关事项、规范干部兼职、因私出国（境）和配偶、子女及其配偶经商办企业，以及经济责任审计、问责等管理监督有关制度。

第四十一条 事业单位领导人员有违规违纪违法行为的，依规依纪依法给予处理、处分；构成犯罪的，依法追究刑事责任。

第九章 退 出

第四十二条 完善事业单位领导人员退出机制，促进领导人员能上能下、能进能出，增强队伍生机活力。

第四十三条 事业单位领导人员有下列情形之一，一般应当免去现职：

（一）达到任职年龄界限或者退休年龄界限的；

（二）年度考核、任期考核被确定为不合格的，或者连续2年年度考核被确定为基本合格的；

（三）解除聘任关系（聘任合同）或者聘任期满不再续聘的；

（四）受到责任追究应当免职的；

（五）不适宜担任现职应当免职的；

（六）因违规违纪违法应当免职的；

（七）因健康原因，无法正常履行工作职责1年以上的；

（八）因工作需要或者其他原因应当免去现职的。

第四十四条 实行事业单位领导人员辞职制度。辞职包括因公辞职、自愿辞职、引咎辞职和责令辞职。辞职程序和辞职后从业限制等，按照有关规定执行。

第四十五条 事业单位领导人员的退休，按照有关规定执行。事业单位正职领导人员特别优秀的，根据工作需要和本人履职情况，按照有关规定经批准可以延迟免职（退休）。

第四十六条　事业单位领导人员退出领导岗位从事专业工作的，由本单位党委（党组）研究并报上级组织（人事）部门同意，可以不再按照领导人员管理。

第四十七条　事业单位领导人员退出领导岗位后，应当继续履行保密责任，严格执行保密规定，落实脱密期管理相关要求。

第十章　附　　则

第四十八条　中共中央组织部可以会同有关行业主管部门根据本规定，制定完善有关行业事业单位领导人员管理具体办法。

第四十九条　市（地、州、盟）级以下党委和政府直属以及部门所属事业单位和人大常委会、政协、纪委监委、人民法院、人民检察院、群众团体机关所属事业单位领导人员的管理，由各省、自治区、直辖市党委参照本规定制定或者完善具体办法。

第五十条　本规定由中共中央组织部负责解释。

第五十一条　本规定自发布之日起施行。